www.diasporas-noires.com

ISBN version numérique : 9791091999151
ISBN version imprimée : 9791091999274
Date de publication numérique : 14 septembre 2015
Date d'impression : Septembre 2015

Photo couverture : Par SIKE

Chantal EPEE

Eclats d'âme

PROS'ETHIQUE POETIQUE

Recueil

Dédicace

A Guillaume EPEE, père imparfait et idéal. Mon héros. Merci pour ton regard, tes mots, et pour ta présence qui jamais n'a failli.

Maman et toi demeurez de précieux vents sous les voiles de mon existence. Pour toutes les saisons de ma vie, je t'aime.

En souvenir des lumières qui, depuis l'ombre, éclairent ma mémoire en dépit de l'absence et du manque :

A Régine Dimodi EPEE,

A Patricia Régine Elong EPEE,

A la nuée de témoins…

Mots éclatés (Biala)

DÉFAITES POÉTIQUES

A mes pieds, sont couchées

Mes défaites poétiques.

Comme transi de froid,

J'ai le verbe frissonnant.

Plus aucun vêtement,

Ni de masque esthétique,

Il n'est que toi et moi,

Dans le nous qui m'ébranle.

Je ne sais que trois choses :

Je t'aime

ÉCRIRE LE SILENCE

Écrire le silence

A une encre invisible.

Consigner sur les pages

Intimes de son âme,

Les secrets inaudibles

Des langages mutiques,

Qui gisent au fond de soi.

Entendre leurs secrets

Pour renaître de l'ombre

FILLE DE L'ABSENCE

Mon père était absence,

Et ma mère murmure,

Des secrets de famille,

Coffrets de mon mutisme.

J'ai passé des années,

À me faire toute petite,

De peur d'importuner,

Et d'être répudiée.

Pour ne pas disparaître,

J'ai choisi de partir ;

D'émerger du silence,

Pour enfin exister.

J'ai inventé ma vie

Hors de l'obscurité

Et me suis découverte

Citoyenne du jour.

J'ai choisi d'être un cri

D'extase ou de douleur,

De vivre dans la lumière

Quitte à y être seule.

Tu voudrais mon amour,

M'offrir pour te garder

Une vie chuchotée

Au prétexte de t'aimer ?

Je ne serai pas cette autre

Qu'on visite en secret,

Qu'on prétend vénérer

Sans jamais s'engager.

Je préfère voir brisés

Mon cœur et mes espoirs,

Au lieu de retourner

Dans l'ombre et le silence.

RENAITRE

Cœurs éperdus

Sons balbutiés

Âmes froissées

Esprits en berne

La peine de trop

L'inexprimable

Les questionnements

Et les silences

Résister

Revivre

Garder la Foi

En Lui

Et renaitre

Un jour.

A la famille LOBE MANGA

A la mémoire de Béatrice D.LM

A TOI...

Tes yeux et ton sourire,

Réinventaient l'univers.

Aimer comme je t'aime,

Ouvre des mondes infinis.

Excursions oniriques

Voyages incessants,

Promenades spatiales

Sur le grain de ta peau

Aux paysages somptueux,

Délicates esquisses,

Œuvres d'une âme unique

A mes yeux, magnifique.

Aux teintes de l'existence

Nouvelles à chaque instant,

Aux endroits visités,

Dans le son de ta voix.

Aux aubes éblouissantes,

Naissant dans tes prunelles,

Aux serments éternels,

Aux aurores arc-en-ciel.

Aux pastels mémorables

Et aux rouges fulgurants,

Aux passions frénétiques,

Qui révèlent l'intime.

Aux douleurs suffocantes,

Aux terrains désertés,

Aux solitudes fécondes,

Aux renaissances de soi.

A l'amour qui n'est plus,

Mais qui demeure divin,

Parce qu'aimer est miracle,

Et être aimé prodige.

A mon serment intime,

A l'engagement sacré

De ne jamais maudire

Celui que j'adorais.

Aux colères qui s'apaisent,

Aux douleurs évanouies,

Aux sourires des souvenirs,

D'un amour merveilleux.

Aux joies que je te souhaite.

A toi...

DANSE DANS UNE LARME

Dans mes mélancolies,

Surgit une musique.

Sous mon regard, un bal

Apparaît du néant.

De mes yeux éperdus,

Je me nourris de lui,

La vue est le seul sens

Par lequel je l'atteins.

Il est là sans y être

Et se meut en silence.

Je le regarde de loin,

Il m'est inaccessible.

Je ne peux le toucher,

L'étreindre, ou le sentir.

Retenu loin de moi,

Pourtant, il me possède.

Pourquoi me réveiller

Si les mondes oniriques

Sont l'unique théâtre

De ses chorégraphies ?

Il danse dans une larme

Valse au rythme de mes peines

Je l'aimais, il n'est plus

Depuis mes jours sont nus.

MOTS

Je les ai prononcés,

Et à plusieurs, murmurés ;

Avant la relation,

Qui sans relâche, m'enchante.

Aux serments chuchotés

Qui rentrent à la maison,

Aux murmures tumultueux,

Au vivre qui se déploie.

Aux tremblements exquis.

Aux mots qui sont à nous

A leur écrin précieux,

Cette vie que l'on crée.

A toi,

A moi,

A nous,

Toujours…

BRULURES

Sensation de brûlure,

Un étourdissement !

J'ai la tête qui explose,

Et l'esprit qui s'abime.

Comment est-il possible

Que cela me survienne ?

La limite franchie

Consacre le désastre.

Le visage qui m'observe

N'est pas celui que j'aime.

La fureur qui l'anime

A modifié ses traits.

J'ignore les mobiles

De la brutalité

Qui un jour après l'autre,

A vaincu la tendresse.

Sous des mots de mépris,

Ton rire s'est évanoui.

Les étoiles dans tes yeux,

Ont cédé aux orages.

Chacune de mes actions,

Réveillait ton courroux

Et, je me haïssais

De ne pas te rendre heureux.

Incohérences d'une femme

N'existant que par toi,

J'aurais tout supporté

Pour te voir me sourire.

J'ai sondé ton visage
Pour retrouver tes traits,
J'ai exploré ta voix,
En quête de tes tendresses.

J'ai enduré les mots
Et les dénigrements,
Désaltérant mon âme
Aux puits de mes souvenirs.

J'ai souffert les silences
Habilement orchestrés,
Les esquives étudiées,
Pour asseoir ton pouvoir.

Déraison d'une passion

Muée en négation

De celle qui était,

Indépendante et libre.

A force de te chercher,

De vouloir de garder,

J'ai perdu le respect,

De celle qui t'aimait.

Sensation de brûlure,

Un étourdissement,

J'ai la tête qui explose,

L'esprit qui se ranime.

Comment est-il possible

Que cela me survienne ?

Je n'aurais jamais cru,

Être de ces femmes-là.

Et la main sur ma joue,

Je regarde ton visage.

Une limite est franchie,

Je dois tourner la page.

Tes promesses de changement,

Tes larmes et tes regrets,

Ne me retiendront pas,

Maintenant je te vois !

Un geste intolérable,

Te révèle dispensable.

Je me soustrais au nous,

Qui en fait était toi.

Sensation de brûlure,

Un étourdissement,

J'ai la tête qui explose !

Mais sors d'un cauchemar.

ENTENDRE

Entendre les cris

Derrière les silences.

Discerner des larmes

Qui s'écoulent des lèvres.

Quand les mots sont sanglots,

Et les silences des pleurs.

Derrière les dents serrées,

L'on sent battre les flots.

Les eaux de la douleur,

Font céder le barrage,

La vague se mue en cri,

Dont l'écho nous surprend.

Des années de mutisme,

A toujours prendre sur soi,

Alimentent l'acoustique,

Du cri qui éclabousse.

Entendre juste après lui,

Le bruit du silence,

Apprendre à écouter,

Pouvoir enfin entendre.

Entendre la quiétude

Qui naît derrière le cri.

Discerner sous les pleurs,

L'éclosion de l'espoir.

DONNE-MOI UNE LARME

Donne-moi une larme,

Un soupir, un regret.

De l'écrin de tes yeux,

Laisse échapper une perle.

A la page qui se tourne,

Offre plus qu'un silence.

A défaut de passion,

Prête-lui une émotion.

Comme si ce qui finit,

Avait pu quelquefois

Transpercer ton armure,

Pour effleurer ton cœur.

Prête-moi une larme,

Oublie un seul instant,

Qu'un homme ne pleure pas,

Et contrôle ses émois.

Il n'y a que toi et moi,

Au cimetière de nous.

Laisse échapper un pleur

Tandis que meurt mon cœur.

Prête-moi une larme,

Laisse-la-moi comme une arme,

Contre les mélancolies

Qui s'invitent pour demain.

MORSURE

Les murmures intérieurs

Que seule une mère entend,

Les secrets chuchotés

Dans le silence des cœurs,

Appartiennent à ce "nous"

Qui précède notre naissance.

Quand la vie nous en prive,

Son manque est une morsure,

Une lacération muette,

Une quête perpétuelle,

Et un silence hurlant

TOUT EST ENCORE POSSIBLE

Chaque aube éclot,
Est promesse d'espérance
Même quand elle se profile,
Derrière le voile des larmes.

Nulle nuit ne saurait,
Par une force mystérieuse,
Emprisonner l'espoir
Que porte le matin

A toi qui verse des larmes,
Toi dont le cœur gémit,
Toi qui dépose les armes,
Face aux rixes de la vie,

Ecoute dans le silence,
De la danse de l'aurore,
Les musiques d'espérance,
En des jours différents.

Parce que tu es encore là
Parce que tu as résisté
Tu es déjà vainqueur
En dépit de tes chutes

L'existence vois-tu,
N'est pas course de vitesse
Choir et se relever
Est la marque des héros.

Sens la caresse de l'aube,
L'effleurement du soleil,
Chant d'amour de la vie,
Qui est éprise de toi.

Tout est encore possible

TE REVOIR

Te revoir, une dernière fois,

Pour te dire mon amour pour toi.

Te revoir, te contempler,

Imprégner mon cœur de tes traits,

Enregistrer au plus profond,

La moindre inflexion de ta voix.

Te retrouver encore une fois,

Glisser ma main dans tes cheveux,

Trouver ta joue du bout des doigts,

Partager des moments complices.

Te dire je t'aime à l'infini,

Dans toutes les langues connues de nous,

Pour que dans le tour que tu prends,

Mes tendresses cheminent avec toi.

Je me souviens d'une tombe creusée,

De la terre jetée et des fleurs,

Qui t'ont dérobé à la vue

De ceux pour qui tu comptais tant.

J'étais présente sans y être,

Prisonnière de ma plus grande peur :

Continuer d'exister sans toi

Et me prétendre encore en vie.

J'étais incapable de pleurer,

Un cœur défunt ne sanglote pas !

Depuis, il y a ton absence

Qui entrecoupe de silences,

Les mots qui nourrissent mes souvenirs.

Mais j'ai la mémoire qui défaille,

Comme le temps prend le pas sur elle,

En parsemant de pointillés,

La trace de toi dans mes pensées.

Te revoir, encore une fois.

Te dire je t'aime à l'infini.

Avant que tu partes pour toujours,

Là où je ne peux te toucher,

Juste le temps d'enregistrer

Le nécessaire pour te survivre.

Te revoir, toi dont le souvenir,

Met des larmes derrière mes sourires

CIELS DE NOUS

J'ai vu dans ton regard,

Des ciels bleus infinis,

Entendu dans ma tête,

De sublimes mélodies.

Tout au fond de tes yeux,

Croisé des ciels d'orage,

Des tempêtes grondantes,

Et des tonnerres furieux.

J'ai lu sur ton visage,

Quelques matins brumeux,

Mettant dans tes prunelles,

D'interminables ciels gris.

Quelquefois, en plongeant

Mes yeux dans ton regard,

J'ai vu de magnifiques

Arc-en-ciel d'espérance.

Tous ces ciels changeants,

Etaient des ciels de nous,

Témoins de notre histoire,

Des saisons de nos vies.

Voici que ce matin,

J'ai croisé ton regard :

Il n'y avait pas de ciel,

Simplement le néant.

Il n'y a plus de ciel,

Juste la fin de nous.

Il est temps de partir,

Voguer vers d'autres cieux.

HOPE

Aimer sans se lasser,

En dépit du chagrin.

Sur des terres désolées,

Voir refleurir l'espoir.

La mort n'est pas la fin.

L'amour lui survivra

En dépit de la perte.

J'AI VU PASSER

J'ai vu passer une larme

Elle avait ton sourire

J'ai vu passer un rire

Manteau sur des sanglots

J'ai vu passer l'amour

Il avait ton regard

J'ai vu passer la peine

Elle avait un visage

J'ai vu passer la vie

Elle n'était plus qu'une ombre

J'ai vu passer un voile

Sur un visage de femme

J'ai vu passer cette femme

Visage dans mon miroir

J'ai vu passer l'espoir

Il n'avait pas de face

J'ai vu passer un voile

Par-dessus l'espérance

LANGAGES

Mes sentiments habitent

Ce que je ne sais dire,

Puisqu'il n'est pas de mot

Qui soit à la hauteur,

De ma passion pour toi.

N'attends pas de miracle,

De paroles magnifiques,

D'éblouissement sémantique,

Car ils ne viendront pas.

Tends l'oreille vers mon cœur,

Aiguise ton écoute,

Réveille ta mémoire,

Et affûte tes sens.

Discerne le langage,

De mes mains sur ta peau,

Ecoute le dialecte,

De mes lèvres sur les tiennes,

Et entends la musique

De mes yeux dans tes yeux.

Dans les nuits silencieuses,

Je m'enivre de ton souffle,

Comme d'autres éblouis,

Écoutent une symphonie.

Sois attentif aux mots

De ma main dans la tienne,

Quand dans un même accord

Nous inventons demain.

Ecoute la patience,

Ecoute le pardon,

Ecoute la foi totale,

Que j'ai en toi et moi.

Quand je sonde l'univers,

Mon monde s'interrompt

Aux frontières impalpables

Où succombe ton sourire.

Tu demandes si je t'aime ?

Au fond je ne le sais pas.

Les serments exaltés

M'apparaissent dérisoires,

Tant ils sont galvaudés,

Ternis et altérés,

Avilis, profanés,

Instrumentalisés.

Tu demandes si je t'aime ?

Revisite notre histoire

En aiguisant tes sens

Et, tu trouveras mon cœur.

UNE LARME SOLITAIRE

Une larme solitaire,

Fait le tour de la terre ;

Elle est sonnette d'alarme

Pour nos ouïes obturées,

Par la peur, la défiance,

Et cette haine de l'autre,

Qui est désamour de soi.

Un sanglot douloureux

Remonte des entrailles

D'une terre désolée

Qui étouffe sous le joug

Des flots d'hémoglobine

Qui lui obstruent la gorge

Pendant que meurt l'humain

Dans sept milliards d'hommes.

Une larme solitaire

Fait le tour de la terre.

Elle est chant d'espérance

En dépit de l'horreur,

Et recherche de vases

A l'écoute du message

Qui redonnerait espoir

A des vivants exsangues,

A force de violence

Et d'inhumanité.

Une larme solitaire,

Un soupir,

Un espoir,

Mon cœur.

NAÎTRE EN LIONNE

Tu peux dormir tranquille

Mon enfant, mon amour

Maman prend soin de toi

Et veille sur ton sommeil.

Depuis que tu es né,

Je me découvre féroce,

Je sens monter en moi,

Des fureurs insensées.

A la simple pensée

Que l'on te fasse du mal,

Se lèvent en mes entrailles

De furieuses tempêtes.

Pas une arme mon chéri,

Aucun muscle bandé,

Ne saurait démanteler

Mes sauvages protections

Qu'ils se pointent mon amour.

Qu'ils viennent, je les attends !

Qu'ils tentent de t'approcher,

Je les dépècerai !

Ton premier vagissement,

Mon enfant mon amour

A fait naître en mon sein,

Le rugissement d'une lionne.

Je t'ai donné la vie,

Tu m'as fait naître en lionne.

Dors tranquille mon amour.

Les guerres sont pour ta mère.

Pour assurer ta paix

A Nathalie, Olympe, Romance, Dora, Léocadie,

A Fabienne M

Aux enfants..

SEL

Amours salées

Du goût des larmes

Qui coulent des lèvres,

Langages du cœur.

Larmes de joie,

Larmes d'extase,

Pleurs de détresse,

Larmes d'aimer.

Repli sur soi,

Régime sans sel,

Retour à soi,

Au sel d'aimer.

INSOMNIE

Ballet fondamental

Qui s'anime sans bruit,

Recul du crépuscule

Qui se plie à la nuit.

Tranquilles obscurités,

Et conscience aiguisée

Des douleurs insondables,

Des joies incomparables.

Voyages en insomnie,

En terre d'agonie,

Ne pas céder aux pleurs,

Quand se lève la douleur.

La musique m'est amie.

Catharsis de mes peines,

Abréaction des thrènes,

Mélodies de mes nuits.

Et soudain, dans la nuit,

Une chanson retentit.

Mutation d'insomnie,

Approcher l'infini.

Enlacée par des sons,

Caresses symphoniques,

S'offrir aux harmonies,

Laisser filer la nuit.

Étrange sentiment,

Impression d'évidence,

Je sais avoir été,

Là où ces notes sont nées.

Sentiers énigmatiques,

Venelles hermétiques,

Dans lesquels se rencontrent

Auteurs et auditeurs.

Intimes promenades,

Nocturnes flâneries,

De leurs gémellités,

Naissent des fidélités.

Chronique d'une insomnie,

D'une étreinte mélodique,

Qui m'abstrait de la peine.

La musique se fait reine.

Les refrains qui m'emportent

Entrebâillent des portes.

Traînée dans leur sillage,

Je suis prise en otage.

Retenue dans la nuit,

Captive en insomnie,

Les notes forment un lasso

Qui m'arrachent à Morphée

Séraphique anaphore

Parée de beaux atours

Je la réécoute encore

Comme se lève le jour.

Fondamental ballet

Qui s'anime sans un bruit,

Reculade de la nuit

Au jour passe le relais.

Merci à la musique.

DISPARAÎTRE

Vagues de peine,

Silence,

Décence.

Cris refrénés

Derrière des lèvres,

Tenues serrées

Pour résister.

Barrage parfait

De la pudeur,

Flots déchainés,

Sourires polis.

La dignité.

Et la réserve

Sont les vêtements

Censés seoir

Aux existences

Vouées au silence

Aux vies habitant

La pénombre.

Privée de mots,

Exclue du verbe,

Ne pouvoir dire,

Son âme blessée.

A bout de souffle,

Lui dire adieu.

Sans un soupir,

Ni une parole.

Raser les murs,

Puis s'en aller,

Avant que cède

Le barrage,

Derrière lequel

Son âme suffoque.

Quitter les lieux

A toute vitesse,

Tandis qu'en elle

Son cœur se meurt.

Pelletées de terre,

Couronnes et fleurs.

Elle se regarde,

Disparaître.

HARMONIE

Soudain le monde n'est plus.

Ou plutôt, il est autre.

Il est toi, il est moi,

Réinventés par nos cœurs,

Qui s'enlacent et s'étreignent,

Comme nos peaux qui s'appellent,

Se répondent, se connaissent

Et se récitent par cœur

En se redécouvrant.

Fièvres en harmonie.

Nos épidermes vibrants,

Extensions de nos âmes,

Disent dans chaque soupir,

Les langages de nos cœurs.

Nous recréons le monde

Dans un verbe gémi,

Et une extase créative.

Univers de voyages,

D'infinies prospections,

De montagnes voluptueuses,

De volcans en fusion,

De brises silencieuses,

De trouvailles incessantes

En terre apprivoisée.

Toutes mes envies d'ailleurs,

Se sont évanouies.

Entre mes doigts fébriles,

Ruisselle plus que de l'or.

Ta peau,

Ton cœur

Toi…

Je t'aime

INFINI

Du bout des doigts,

Effleurer l'or

D'une peau ébène

Et m'envoler.

Atteindre les cimes

De volupté

Que l'on éprouve

Face à cette âme,

Qui sans tapage

S'est révélée,

L'unique au monde

Devant laquelle,

Être soi-même

Ne fait plus peur.

A fleur de peau,

A bout de mots,

A fleur de toi

Mon âme éclate !

Au bout des doigts

L'immensité

D'un cœur qui vaut

Tous les trésors.

Du bout des doigts

Toucher ta peau

Tandis que vibre

Au plus profond

Ma vie qui épouse

L'infini.

IL FALLAIT UN CŒUR

Tous les échecs au monde

Et toutes les blessures,

Les trahisons d'amour

En fait valaient la peine.

Puisqu'ils étaient la voie

Qui menait jusqu'à toi,

Jusqu'à cette splendeur

Qu'hier j'aurais manquée.

Il me fallait un cœur

Cabossé, piétiné,

Brisé, rafistolé,

Pour discerner l'éclat,

La beauté de ton âme.

Il me fallait un cœur

Défait et résigné,

Qui avait renoncé

A l'idée du bonheur

Pour qu'il te reconnaisse

Juste du bout des doigts,

Juste du bout d'une âme,

Qui renaît à la vie.

Pour un instant peut-être,

Une seconde éternelle,

Je me sens accomplie,

Juste parce que je t'aime.

LUMIÈRE

Te tenir par la main

Dans la brise du soir

Étreindre l'éternité

Le temps d'une parenthèse

T'aimer dans la lumière

REPOSE-TOI MON AMOUR

Tu peux tomber le masque

Et déposer les armes.

Il n'y a que toi et moi,

Repose-toi mon amour.

Je ne veux pas d'un rôle,

D'un homme sous une armure

Faites de fonctions sociales

Qui asphyxient le moi.

Je t'aime quand tu es fort,

Comme je t'aime exténué.

Laisse-toi donc aller,

Tu as le droit de pleurer.

Lorsque tu es fragile,

Tu n'en es pas moins homme,

Tes doutes ne défont pas

Ta masculinité.

Dehors tu dois rugir

Ici tu peux dormir

Il n'y a que toi et moi

Repose-toi, mon amour

Mon amour étreint

Tes forces et impuissances

Il enlace tes peines,

Et accueille ton passé.

Serrés l'un contre l'autre

Il n'y a que toi et moi

Et ta larme qui paraphe.

Un serment de confiance.

Repose-toi, mon amour.

CHUCHOTEMENTS

S'arracher au silence,

Et aux chuchotements.

Partir malgré le cœur

Qui paralyse les jambes.

Partir, quitter l'oubli

Et les murs que l'on rase.

S'absenter des transports

Et des embrasements

Qui corrodent le soi.

Le mensonge et l'ombre

Le secret la pénombre,

Comme écrins du parfait

Relèvent du fantasme.

Quitter celui qu'on aime

Réapprendre la lumière,

Quitte à cligner des yeux

Derrière voile des larmes.

TU N'ÉTAIS PAS A MOI

Une histoire fragile

Sur le fil du rasoir,

Tu n'étais pas à moi

Mais je t'appartenais.

Ma vie s'est élargie

Au contact de la tienne,

J'ai appris la musique

Dans le son de ton rire.

Les sourires entendus,

Les regards ironiques,

Ne pouvaient pas m'atteindre

Il n'existait que toi.

Dans une bulle extatique

Aux contours irréels,

Je vivais notre duo

Comme une danse éternelle.

L'effroi anticipé

Des âmes raisonnables

Qui pressentaient ce jour,

M'étaient inaccessibles.

Elle revient te chercher

Celle qui était partie.

Elle a changé d'avis,

Je dois céder la place.

Les années avec toi

Ne comptent pas pour la loi ;

Elle t'a donné la vie,

Je n'avais que mon cœur.

Mon enfant, mon amour,

Tu n'étais pas à moi.

Je l'avais oublié,

Le réveil est cruel.

Je dois me résigner,

Te laisser t'en aller,

Et n'être plus pour toi

Qu'un visage du passé.

Je suis à l'agonie

A l'idée que ma fille,

Une seconde fois

Se sente abandonnée.

Alors, de toutes mes forces

Et de tout mon amour,

Je prie pour que l'oubli

Te sépare de moi.

Mon enfant, mon amour,

Qui n'était pas à moi.

Qui, quoi qu'en dise la loi,

A fait de moi une mère

.

SUR MES LÈVRES

Au sortir de la nuit,
J'ai susurré ton nom
Émotion murmurée
Chuchotis sur mes lèvres

Renaissance de l'espoir
Blessure n'est pas trépas
Et tout n'est pas fini
Tant que l'on est en vie

Au sortir de la nuit
J'ai croisé un regard
Qui réveille mon âme.
Il bat encore, mon cœur

TOUS LES MATINS DU MONDE

Tous les matins du monde,
Dans son œil se levaient.
Une nuit interminable
Habille d'obscur les jours.

Il n'est plus d'étoiles
Hors du ciel des souvenirs,
Hors des étreintes d'hier,
De la passion, des rires.

Hors du serment mouillé,
Murmuré sans répit,
Contre des lèvres glacées,
Qui s'absentent de la vie.

J'ai vu tomber la nuit,
J'ai frissonné d'effroi,
Quand la vie s'est enfuie,
De ses yeux magnifiques.

Tous les matins du monde,
Dans son œil se levaient.
Depuis les jours sont nus,
Et le soleil en deuil.

RÉVEILLONS L'UTOPIE

De mes mains tremblantes

Dans un monde en furie,

J'ai saisi l'encrier,

Y ai trempé ma plume,

Pour déployer mes rêves

Entre deux désespoirs.

Mais l'histoire de ce monde

Depuis l'aube des temps,

A des accents furieux

Et ne se rédige pas

A l'encre de mes rêves,

Et de mes utopies.

En dépit du réel,

Aussi vrai que je vis,

J'écrirai encore

Enfilant mes idéaux

Comme d'autres des perles.

Pour proposer un rêve

Dans un monde suffoquant

De haines exacerbées

Et cynisme conquérant.

Les mots peuvent être des iles,

Des refuges pour l'humain,

Qui en l'homme résiste

En dépit de l'horreur.

Libère les mots poète

Réveillons l'utopie.

Il est une fin de cycle

Annonçant le chaos.

Voici venu le temps

De créer par le verbe,

Des rêves à étreindre

Pour inventer demain.

A Marc Alexandre OHO BAMBE

Paris le 30 Juillet 2014

COLOCA-TERRE

Les captifs de l'espérance

Entamèrent une danse

Dont le son fit trembler

Ceux qui semaient la mort.

Les mots comme des glaives

Déchirèrent les voiles

Qui séparaient les êtres

Nous rappelant au réel

Nos yeux se dessillèrent

Sur nos guerres absurdes

Et nos larmes nettoyèrent

Des siècles de haines

Nous étions nés en frères

Mais l'avions oublié,

Du fait d'humains iniques

Qui se crurent supérieurs

Nous étions nés en frères

Mais l'avions oublié,

Et la parole poétique

Nous rendait nos racines.

Notre droit de comprendre,

D'entendre, de recevoir,

Notre droit d'aimer,

Et de danser ensemble.

Nous sommes coloca-terre

Fenêtres sur l'intime
(Mulema mwam)

OUVRIR L'INFINI

Poser des limites,

Et ouvrir l'infini.

Être une voix qui rassure,

Un rire qui illumine.

Ancrer dans des valeurs,

Par-delà ses failles d'être,

Demeurer un géant,

En dépit des impairs.

Imparfait, idéal,

Fondation essentielle.

Mon héros, mes racines,

Ma rampe de lancement,

Vers la femme que je suis,

Mon amour absolu,

Mon père.

A Guillaume EPEE

ÉTERNELLE

J'embrasse la beauté

De ma mémoire d'elle,

Etreins avec ferveur

Le souvenir de son rire.

Il m'est un carburant

Dans les journées moroses,

Et son sourire réchauffe

Mes hivers intérieurs.

Rayonnante de lumière,

Et soleil de nos jours,

Elle était magnifique,

Mon éternelle ELLE

Elle qui manque à ma vie

Mais que je porte en moi.

La mort n'est qu'une virgule,

Une simple parenthèse.

Quand l'amour est parfait.

Elle m'a appris l'amour.

A Régine D. EPEE

SI VITE

Passage éphémère

Comète incandescente

Le temps que le vent souffle,

Tu t'en étais allé,

Laissant nos âmes blêmes

Et nos cœurs orphelins

D'une vie lumineuse

Trop vite évanouie.

Cascade interrompue

De ton rire magnifique

Ta mort m'a arraché

Un fils qui m'était frère.

A ma mémoire de toi,

J'adresse des sourires,

Pour saluer le passage

D'un être merveilleux

Tu es passé si vite...

À Alain MOUNGOLE

VOILES

Derrière les rideaux

D'une force indiscutable,

Et sous un caractère

Qu'on dit d'acier trempé,

Se découvre une âme

D'une beauté saisissante,

Et un cœur magnifique

Sous des voiles de pudeur.

Perfections lacunaires

Sur une mer de tendresse,

Tu es la sœur rêvée

Et pour moi un modèle.

Je t'aime à l'infini

Femme de mille vertus,

Et prie pour que ta vie

Habite la plénitude.

Nathalie NELLE EPEE

FOI

Ton amour me scanne,

Me met à nu, me pare,

Il m'enveloppe, m'abrite.

M'étreint et me libère,

Il me ramène à moi

Tu me connais, tu m'aimes

Par-delà mes bassesses.

Tes musiques éternelles,

Dans une cascade vitale,

Me convoquent à la danse.

Tourbillon rédempteur

Qui dépouille des scories

Et reconstruit le soi,

Je lève les yeux vers Toi

Te contemple, et renais !

Carburant primordial

Et amour éternel,

Le plus beau d'entre tous,

Mon âme, mon essentiel.

A Toi

MANQUE

Matin de mars,

Ta dérobade.

Ton évasion

T'arrache à nous.

Toi la première,

L'aînée de tous,

Longtemps modèle,

Aimée, toujours !

Soudaines ténèbres.

Cœur lacéré.

Larmes impuissantes,

Chagrin cuisant.

Une peine de plus

Dans mon jardin,

A bout de souffle

J'agonise.

« *Je t'aime si fort* »

Hurle mon cœur

Pris aphasie.

Dis, l'entends-tu ?

Matin naissant

Âme dans le noir

Tu t'es battue,

Nous avons cru.

Tu es partie,

Mes mots sont nus.

Aube de mars,

Printemps défait,

Soleil en berne

Cœur scarifié.

Je pense à toi

L'âme frissonnante,

Ta source de vie

S'est asséchée.

On lui a pris

Sa fille unique

Comment l'aider

A continuer ?

Comment consoler

Tes petits ?

Mon réconfort,

Mon seul appui,

C'est notre foi

En un ailleurs,

Et la mémoire

De nos échanges,

De tout l'amour

Que l'on s'est dit.

Nos mutuelles failles

Et les silences,

N'auraient pas pu

Défaire l'amour.

Toi l'adorée

De mes aurores,

J'entends ton rire

Te vois danser,

Nos apartés

Ressuscités,

Dans ma mémoire

Me revigorent.

Aînée aimée,

Si tu savais

Combien ton rire

Manque à ma vie !

À Sita Kitou

MALUMBI

Le vent s'est glacé

Dans un soleil froid.

Cela paraît étrange,

Mais la vie continue.

Elle ne fait pas de pause

Comme nos cœurs se brisent,

Comme l'on est démembré

Amputé de l'aimée.

Nos âmes disloquées

Ont hurlé en silence

En écho à l'absence,

A l'amour déserté.

Récemment encore,

Par les mots, par le cœur,

Nos esprits s'enlaçaient,

Rires et verbe en fusion.

Aujourd'hui tu n'es plus

Mon verbe est dévêtu,

Frissonnant dans la glace

D'un chagrin pétrifié.

Il a été un nous

Aujourd'hui amputé.

L'amour est une pièce

Dont l'une des faces est larmes.

Malumbi pour l'amour,

Les moments partagés,

Pour des liens du cœur

Nés dans l'éternité.

Voyage en paix ma fille,

Et rejoins l'immortel.

Ne t'attarde pas sur nous,

Les rires refleuriront.

23/02/2014

A Emma IKABANGA

DIKOM LA MULEMA

Dikom la mulema

Wa nde di meya no̱.

Amie chère à mon cœur,

C'est toi que nous pleurons.

Toi, l'âme délicate

Surprenante de douceur,

Tu as déployé tes ailes,

Nous laissant désarmés.

Dikom la mulema

Wa nde di meya no̱

Yen eso̱diso̱di

E si ma bo̱ nginya[1]

Les jours, les mois défilent,

Se transforment en années,

Et pourtant ton absence

Me demeure indécente.

Il manque un essentiel

Au banquet des tendresses,

Ton rire s'est évanoui

Avec un peu de nous.

Ma mémoire voyage

---

[1] Amie chère à mon cœur
C'est toi que nous pleurons
Et le manque de toi
Ne perd pas de sa force.

Au fil des souvenirs,

Et l'écho de ton rire

Me ramène à toi,

A toi l'âme délicate,

La douceur incarnée,

A ce raffinement

Qui te définissait.

Dikom la mulema

Comme les sanglots s'apaisent,

J'entends la douce musique

Du sourire des souvenirs.

A Dina ETAME NDEDI

CHANTS DE L'AURORE

Dans le chant de l'aurore,

Comme le ciel s'éclairait,

Ta pensée m'est venue

Convoyant un sourire.

Cette dernière s'est ouverte

Comme le fait une fenêtre,

Dévoilant ton visage

Gracieux et lumineux.

Les miroirs de ton âme

Que je connais si bien,

Invitent ces éclats

Inhérents à l'enfance.

La fillette en voyage

Fait escale dans l'adulte,

Comme pour nous murmurer :

« Tout est encore possible »

Les yeux qui me sourient

Ont l'éclat des étoiles,

Et tout au fond de moi

S'éveille une émotion.

Je sais que cette visite

Dans l'aube couleur pourpre,

Ne tient pas au hasard

Alors, je me réjouis.

Car entre ciel et terre,

J'ai entendu Son cœur

Qui parle d'espérance,

Quant à ton avenir.

Dans la musique de l'aube,

Je discerne un murmure,

Écho du chant d'amour

Qui coule du cœur de Dieu.

Saisie par la beauté

De la voûte céleste,

Je formule cette prière

Du tréfonds de mon âme :

Que ta vie soit sourire

Sous des matins carmin,

Que chantent tes aurores,

Et que le bonheur soit !

A Marie-Claude EPEE

INNOCENCE

A jamais innocente,

Telle est l'âme qui t'habite.

Sur ton visage,

Dans ton sourire,

L'enfance a posé ses valises,

Au mépris des années qui passent

Faisant de toi un être à part.

Tu m'as choisie,

Je t'ai élu,

Au point du jour

De notre histoire.

Car il est dans la vie des hommes,

Des liens qui défient le langage.

Ton cœur, le mien, liés à toujours,

Par-delà le temps et l'espace.

Tu es un cadeau de la vie,

Le premier né d'entre mes fils.

Je t'aime au-delà du dicible,

Et ton amour m'est un cadeau.

A Lloyd MISSIPO

ILES

Hildegarde

Ile d'amour,

Forte et fragile,

Âme fière.

Ile de beauté,

Ile de tendresse,

Parfois,

Ile de mystères pour moi.

Ile de garde

D'une fille unique,

Des flots amers

T'ont submergée.

Rocher solide

Dans ses failles,

Tu n'es pas seule,

Nous sommes là.

Ile enchantée

De mon enfance,

Tante adorée

De ma jeunesse,

J'ai confiance

En notre Dieu,

La joie, un jour,

Refleurira.

A Hildegarde EBAKISSE

INESTIMABLE

Quand son rire fuse,

Le soleil luit,

D'un éclat

Supplémentaire.

Parce que l'enfant

En lui résiste,

Malgré les flots,

L'adversité.

Des profondeurs

De réflexion

Et une intelligence

De cœur,

Font de lui

Une personne à part.

Un cœur d'enfant,

Un cœur de lion,

Cœur cabossé,

Mais résistant.

Il est en cet homme

Un héros,

Qui des obstacles

Triomphera,

Se réinventant

A chaque pas.

Je le regarde,

Mon cœur sourit :

Il est pour lui

Une espérance,

Aussi vrai

Qu'en lui l'âge tendre,

Sera un paradis

Secret.

En dépit

Des failles

De son être,

C'est un joyau

Inestimable,

Cet être à part,

L'ami, le frère,

L'homme magnifique

Qui me rend fière

A Guy-Thomas EPEE

VALSES DE L'AUBE QUI NAIT

Valses de l'aube qui naît :
Soleil et lune dansent,
Faisant jaillir un chœur,
Les vivats des étoiles.

Bientôt, apparaîtra
La nouveauté d'un jour,
Porteur des espérances
De ceux qui se réveillent.

Rixe de l'aube qui naît,
Rituel de mes matins.
Frénétique combat
Entre sommeil et veille.

Ce matin, tu te glisses

Dans la noise matinale,

Et ton visage réveille

Une valse-hésitation.

Entre rires et sanglots,

Entre tristesse et joie.

Joie de t'avoir connue,

Agonie de ta perte.

Valse de l'aube qui naît :

Ton sourire et mes larmes,

Sourire qui ne naît plus

Que dans mes souvenirs.

Nyangw'am [2]

23/10/2008

---

[2] Ma mère.

EN RÉVOLTE

Rires et rage

Cohabitent,

En sa conscience

Révoltée

Contre un monde

Empli d'injustice

Et d'imbéciles

Loyautés.

Ses mots s'abattent

Avec vigueur,

Pour fustiger

Les hérésies,

Au point de risquer

Quelquefois

D'user d'un verbe

Qui meurtrit.

Plume résistante,

Plume acérée,

Plume ironique,

Plume excessive,

Fissures d'une passion

Absolue,

Incapable

De lâcher prise.

Derrière le verbe

Et sous ses rires,

121

Il est un homme

Généreux,

Sensible et attentionné,

Sous ses dehors

Parfois abrupts.

A ceux qui traversent le rideau,

Il est offert la découverte

D'un coffret empli de trésors :

Le cœur d'un homme

Peu ordinaire

Qui est mon frère

Et mon ami

Alain-François EPEE

LES BRAS LEVÉS

Dans la vallée

Sur la montagne

Dans les déserts

De l'existence

Chemins pierreux

Sentiers tortueux

La vie et ses aspérités

Pouvoir compter

Sur sa famille

Pour tenir ses mains

Qui faiblissent.

Les bras levés

Le cœur content,

Je vous salue,

Femmes de valeur.

A Olympe,

Constance,

Christel,

Christiane

et Victorine

PARTAGES

Musique

Partage

Voyages

Sublimes

Le jazz

Est là

Les rires

Aussi

Fougue

Débords

Passion

Excès

Authenticité

Vérité

Affection

Respect

Amitié

Se défiant

Des silences

De l'espace

Du temps

Le choix

Du cœur

A Francis FOKOM

GRACE

Un regard,

Une présence,

Cadeau tardif

Et précieux.

Il est je crois,

Un temps pour tout,

Qui se prépare

Dans l'invisible.

Au temps marqué,

Tu es venue,

Pour élargir

Mes essentiels.

Pour toutes les saisons

Qui viendront

Pour celles qui nous

Restent à vivre,

Je t'aime.

A Grâce EPEE

AMIES

Laisser partir

Ceux que l'on aime

Dans le midi

De l'existence.

Morsure cruelle,

Mourir un peu

Comme s'évade

Une part de soi.

La mort fait partie

Du voyage,

Disent les sages

Pour nous rassurer.

Les questions fusent

Dans les entrailles,

Siège des douleurs

Inexprimables.

Trépas et vie

Dansent ensemble,

A contretemps

Ou en accord.

De battre mon cœur

S'est arrêté,

A la nouvelle

De vos départs.

Plus d'une fois

Mon âme blessée,

A fait la pause

Jambes coupées.

Sous la pression

D'une lame acide

Qui dans le ventre

Entre en silence,

Et déchire tout

Sur son passage,

L'on est exsangue

A bout de souffle.

Vous dire adieu

Est impossible !

Alors, je dis

A tout à l'heure

A tout à l'heure

Dans ma mémoire,

Dans mes souvenirs

Revisités.

A tout à l'heure

Dans les tendresses,

L'amitié,

Les mots partagés.

Rendez-vous au coin

De ma mémoire,

A l'angle de la rue

Des tendresses,

En attendant

Les retrouvailles.

A Lucienne MELENDE AVRIL

Nadine DIKOUME

Béatrice LOBE MANGA DIMOUAMOUA

JUNIE[3]

Rencontres

Anodines

En apparence

Au coin du boulevard

De l'aléa,

Au carrefour

De l'accidentel.

Le hasard

Est étrangeté,

Quand l'évidence

A vous s'impose.

Ils disent « hasard »,

Je dis « destin »,

Tant les rencontres

S'avèrent belles.

Étonnantes les gémellités

D'affections et d'indignation

Les surprenantes convergences

Autour d'une passion,

La musique.

Et cette envie qui nous habite,

De voir le monde transformé.

De travailler à le changer,

Chacune dans sa sphère d'influence

C'est Troy Davis

C'est Malcolm X

India Arie

Et Marvin Gaye

Il est des rencontres évidentes

Qui paraissent naître du hasard

Et qui vous ouvrent au final,

Bien plus qu'une simple amitié.

L'on se découvre une famille

A Marie Laure BINAM

A Nathalie YAMB

PRÉSENCE

Bienveillance et humanité,

Habillent son être intérieur,

Depuis l'aube de son existence.

Toujours à se soucier de l'autre,

Même pendant les jours d'orage,

Elle est présente quand d'autres manquent,

Aux moments sombres de l'existence.

C'est une femme magnifique

Qui a traversé des tempêtes

Sans les laisser flétrir son âme.

La plus belle de toutes ses parures,

C'est la grâce de son caractère.

C'est l'amour, la fidélité,

Et le doux sourire de son cœur.

A Patricia TIKI KOUM

TOGETHERNESS

Rires enlacés,

Complicité.

Délires exquis,

Etats d'enfance.

Qui trouvent

Leur source

Dans un passé,

Aux rivages

Paradisiaques.

Se soutenir,

S'encourager,

Savoir pouvoir

Compter sur l'autre.

Être amies,

Être des sœurs,

Faire des projets,

Construire ensemble.

Être conscientes

Du privilège

Inestimable

D'être une famille.

A Marlyse GOETHE

PRECIOUS

A la confluence

De l'amour

De la grâce

Et de la beauté,

Son visage,

Son sourire,

Son cœur,

Son âme

De femme.

Sensible

Et compatissante,

Elle est un don

Inestimable.

Et du roseau,

Elle a la force

Et la discrète

Solidité.

En dépit

Des mélancolies,

Qui quelquefois

Visitent son âme,

Jamais, la vie

Ne la vaincra.

A Nicole SIME

REGARD QUI PARE

Regard qui pare de beaux atours,

Ceux que son cœur choisit d'aimer.

Regard qui veille sur ceux qui comptent,

Par-delà l'espace et le temps.

Regard qui parfois devient flamme

Intransigeante, incandescente

Au point de consumer l'avant,

Tourner la page, et s'en aller.

Elle est comme ça, fière et entière

De mauvaise foi, plus d'une fois

Mais quand son cœur vous a choisi,

Il vous accueille et vous abrite.

Un cœur fidèle et exigeant

Car il donne autant qu'il demande.

A Michèle E.MPACKO

BONATENE

Dans l'aube qui s'avance,

Vacille un patriarche.

Dans ses yeux délavés,

Un regard égaré.

Son monde en une nuit,

Est parti en lambeaux :

De profondes ténèbres

De haine, cris et pierres

Viennent de mettre en lumière

La haine du voisinage,

D'incendier les racines

De sa progéniture.

L'octogénaire est nu.

Le vêtement chimérique

De son appartenance

Au lieu de sa naissance

N'est que cendres et fumée.

Une nuit de cauchemar

Et des torrents de haine,

Sont le point culminant

D'une sauvagerie

Aussi inattendue,

Que bouleversante.

Le déluge de pierres,

Est arme de leur fiel.

Il change à tout jamais,

Sa vision du village.

Ses descendants et lui

S'avèrent abominés

Par ceux qu'il a longtemps

Pensé être son peuple.

Son village natal,

Le peuple de ses pères,

S'est désigné pour cible

L'aîné de ses garçons.

Procès en sorcellerie

Sur fantasme collectif.

Une crise de mal caduc,

Cause une mort tragique,

Et offre un moyen

Aux esprits rétrécis,

De convertir la peine

D'une famille meurtrie,

En arsenal de haine

D'un quartier en furie.

Le crime imprescriptible,

L'impardonnable outrage

De l'homme incriminé,

Est de s'être élevé

A force de travail,

Au-dessus de la masse

De ceux de son quartier.

Celui d'avoir été

Pour plusieurs parmi eux,

Une source intarissable

D'assistance et de dons.

La jalousie aiguë

Qui coule dans leurs veines

Depuis bien des années,

Est venin pour leurs âmes

Leurs cœurs, leurs pensées.

Elle leur corrode l'esprit.

L'acrimonie explose

En une nuit d'infamie,

Consumant le fantasme

De solidarité,

Qui aux yeux du vieil homme,

Fondait l'identité

Du lieu qu'il habitait.

Deïdo se fait cauchemar,

Bonatene sauvage !

Et, la nuit éruptive

Altère pour toujours,

Le lien de la famille

Du vieillard à cette terre.

L'on ne désavoue pas

Sa source originelle.

L'on ne réinvente pas

La mémoire de son clan.

Mais quand ceux qu'on a cru

Être son peuple matrice

Vous renient et rejettent

Par une lapidation,

Ils consument les racines

De votre filiation.

Désormais étranger

Sur la terre de ses pères,

Exilé intérieur

Par la haine des siens,

C'est un homme brisé

Qui rejoindra la mort,

Quelques années plus tard,

Effrayé à l'idée

D'avoir pour descendants,

Des feuilles dans le vent.

Car, il est des blessures

Des flétrissures de l'âme,

Qui ne sauraient guérir

Avec le temps qui passe.

En mémoire de Thomas EPEE SONG

A sa descendance

A l'aîné de ses fils

En mémoire de l'homme estimable dont

le trépas fut malheureusement l'étincelle

qui alluma la mèche de haine des âmes courbées.

CONSOLATION

Un rire semblable au sien,

Un peu d'elle dans la voix,

C'est l'oreille que j'emprunte

Quand son écoute me manque.

C'est une consolation

Qui répare un instant,

Une âme recroquevillée

En quête de sa mère.

Elle était son amie,

Et elle était sa sœur,

La compagne des errances

De leur aurore blessée.

D'une enfance meurtrie,

Elle garde une pudeur

Qui apparaît froideur

Aux âmes superficielles.

C'est une femme silence

Et une âme mystère

Dont la présence discrète

S'avère inestimable

A Dora Mbenye DIWOUTA-LOTH

ELLE AVAIT UN POUVOIR,
ELLE DANSAIT SANS MUSIQUE

Il y avait dans ses yeux,

Une lumière éclatante

Et son sourire était

Une explosion de vie.

Pleine de vitalité,

Débordant d'énergie,

Dans le soir finissant

Elle vous étourdissait.

Dans ma mémoire, j'entends

Son pas dans la maison

Comme en fin de semaine,

Elle rentrait pour deux jours.

Elle était volubile
Tout en étant secrète,
Jeune femme exubérante
Aux rêves impénétrables.

Elle dévorait la vie,
Habitait chaque instant
Vous comblant de tendresse
Entre deux fantaisies.

Elle avait un pouvoir
Unique et magnifique,
Elle avait le pouvoir

De danser sans musique.

Je la revois encore

Danser sur le silence,

Tandis qu'elle tourbillonne

Virevolte et valse,

Au rythme de sa joie,

De sa vie, de son cœur

Au rythme de ses espoirs,

De ses rêves dorés.

Et voici qu'un matin,

Sans nous y préparer,

La douleur est venue

Effacer son sourire,

Liant la tragédie

Et des abysses de peine

A notre mémoire d'elle,

A ses danses éternelles.

Une voiture roule trop vite

Et sa jeune vie n'est plus.

D'éthyliques inconsciences

Une jeunesse insouciante

Ont dérobé son souffle,

Et écrasé nos âmes.

J'avais une sœur cadette,

Désormais elle n'est plus.

Ma vie s'est arrêtée

Un matin de décembre,

A l'écoute d'une nouvelle

Qui a figé mon cœur

Et supprimé en moi,

La moindre envie de vivre.

Mais par respect pour elle

Pour la femme qu'elle était,

Je devais continuer,

Et réapprendre à vivre.

A fêter sa mémoire,

En vivant amplement,

M'emparant des cadeaux

Que me présente la vie.

Il m'a fallu du temps,

De la grâce l'assistance

Pour revenir dans la vie

Et en goûter la beauté.

Les années ont passé,

Et la douleur s'apaise.

Mais il est dans mon âme,

Une mélancolie.

Ce serrement de cœur

Qui sans me prévenir

Me ramène à l'absente

Au vide qu'elle a laissé.

Les souvenirs s'émoussent

Et son visage s'estompe.

Alors je prends ma plume

Pour la garder encore.

Pour triompher du temps,

Funeste prédateur

Qui tente de l'emporter

En violant ma mémoire.

Son souvenir se ranime,

Alors ce soir j'écris.

J'écris pour résister

Au temps qui peu à peu,

La dérobe et la happe

L'emmenant loin de moi.

Le temps agit déjà

Et moi, je veux qu'elle reste.

Qu'elle reste encore un peu

Qu'elle reste en moi longtemps

Qu'elle reste en moi toujours.

Oh Dieu, comme je l'aimais !

Elle s'appelait Patricia,

Je l'appelais Patou.

Elle était ma jeune sœur,

Elle était mon amie.

L'on m'a amputée d'elle,

Et elle me manque souvent

Elle me manque cruellement

Me manque infiniment.

Mais, je dois continuer

Entre sourires et larmes,

A danser sans musique

Au rythme de mes souvenirs.

D'une vie lumineuse.

A Patricia Régine, Elong EPEE

Lumière de nos aurores.

Paris, le 13 janvier 2007

161

MANGON

Enfance brisée,

Tabou clanique,

Rejet sismique

D'un père cynique.

Voile destructeur

Sur l'existence

D'une orpheline

En quête d'amour.

Douleurs de femme

Blessures de mère

Son cœur se brise

Plus qu'à son tour.

Par des promenades nocturnes

Pour ensevelir ses enfants.

Feuille dans le vent,

Arbre chancelant,

Quête de racines,

Toute sa vie.

Son fils unique,

Le survivant

Est son ancrage,

Sa raison d'être.

Elle était belle,

Un peu rebelle,

Malgré le voile

Sur son regard.

Éruptive et mélancolique,

C'était un être

Peu ordinaire

Femme au cœur noble

Et généreux

Le bonheur

L'espace d'un instant,

T'a-t-il seulement effleurée ?

A Bernadette MANGON EBOULE EPEE

PA'A NSADI

Une coulée incandescente,

Parcourt les recoins de mon âme,

Lorsque mes pensées quelquefois

Vers lui s'envolent sans prévenir.

Ce dernier jour,

Et mon silence.

La certitude

D'avoir le temps

Pour les échanges

Interminables

Qui bien des fois

Me désarmaient.

Des imbéciles

Inconséquents

Qui jamais

Ne paieront leur crime,

Dans un fracas

De tôles froissées,

Nous privent

D'un homme singulier

Et brisent le cœur

De mon père.

Une larme silencieuse

A toujours,

Ruisselle au tréfonds

De mon âme.

Elle a la saveur des regrets

Qui habitent mes tendresses pour lui.

Celui dont l'absence est morsure,

Mélancolie et sourire.

Et les souvenirs, sourire.

A Benoît EBOULE EPEE

SAXO

Une nuit sombre
Et cafardeuse,
Les mots rétifs
Se recroquevillent.

L'émotion règne
Côté obscur,
Et la vie sombre
Dans un abime.

Incompétent
A soulager,
Le verbe est nu,
Je suis perdue.

Soudain, j'entends
Dans le silence,
Un son qui jaillit

Du néant.

Il me réchauffe
L'intérieur,
Et redresse
Mon âme courbée.

C'est une musique
Qui me connaît
C'est la voix intérieure
De John

Amour suprême
Par la musique
Son saxophone,
Ma renaissance.

Hommage à Trane

RÉSEAU SOCIOPATHE

Amitiés contrefaites,

Relations mensongères,

Des serments fallacieux

Imitent la bienveillance,

Tandis que la convoitise

Parcourt les veines de l'âme,

Des esprits rabougris,

Pour exploser en haine,

En cabale sur la toile.

Et les réseaux sociaux

Deviennent sociopathes.

Hideur et lâcheté

Dansent en harmonie

Au bal des travestis,

Qui derrière leurs claviers,

Coordonnent la résistance

Au contentement de l'autre.

Les esprits étrécis,

Quand ils singent l'amitié,

Et vous parlent d'amour,

Sont bien plus dangereux

Que des hordes ennemies.

Ils ternissent votre honneur

Et lacèrent votre nom,

Ils distillent des rumeurs,

Tordent le sens des choses.

Dans l'espérance peut-être,

D'apparaître plus grands

A leurs propres yeux.

Après la forfaiture

Des âmes malveillantes,

L'on a besoin de temps

Pour se désinfecter,

Et retrouver la foi

En des relations saines.

Mais quand on ferme la porte

Aux relations toxiques,

L'on ouvre les fenêtres,

Vers un soi réinventé.

Et leur perversité

S'avère avoir été

Une rampe de lancement,

Vers le meilleur de soi.

SÉPIA

Photos jaunies

De mon enfance

Une véranda,

Des jambes claires.

Le rire tonitruant

D'un homme,

Aux jambes sans cesse

En mouvement.

En fond sonore,

De la musique.

Et la douce voix

De ma mère,

Qui fredonne

Eboa Lotin,

Francis Bebey,

Charles Aznavour,

Ou une chanson

De Makeba.

Le piano de Duke Ellington,

Et de la trompette de Louis Armstrong,

Le chant des grillons dans le soir,

La musique de nos rires mêlés,

Et le goût du *saka saka*.

Il était une fois,

Le passé,

Les jours heureux,

Et l'innocence.

Il était une fois

Trois fillettes,

Et une ville,

Brazzaville.

SOUL LIFTER

Has anybody here

Seen my old friend Marvin ?

Can you tell me where he's gone ?

He freed my soul so many times

But it seems the good die young.

I just looked around and he's gone.[4]

He was a soul lifter to me,

Même s'il était une âme en peine,

Pris dans d'infernaux paradis.

Un cœur en fuite sous les sunlights,

Vivant sa vie à l'est d'Eden,

Jusqu'à la pétarade fatale.

---

[4] Paroles de la chanson « Abraham Martin and John » écrite par Dick Holler, crée par Dion et reprise par Marvin Gaye. Ici Martin devient Marvin.

What was going on distant lover ?

Ta voix m'a tirée de la peine

Ta musique relevait mon âme

Et m'a offert des catharsis,

Dans les tunnels de l'existence.

He freed my soul so many times

Mais les tourments étaient sa geôle.

My soul lifter was a lost soul

A-t-il enfin trouvé la paix ?

Hommage à Marvin Gaye

CHET

Vie cabossée,

Traits altérés,

Âme consumée

Veines explosées.

Sa douce voix

Vous enlace l'âme

Et vous bouleverse

Au plus profond.

Sa trompette

Par des sons subtils,

Vous émerveille

Et vous guérit,

Tandis que l'homme

Est dans le noir.

Mystères de la création,

Ténèbres qui enfantent

La lumière,

Mais ne sauvent pas le créateur.

There will never be

Another Chet.

Hommage à Chet BAKER

Rêveries Pros'éthiques

DAY DREAMING...

Assis à ma table Fanon, Césaire, Anta Diop, et Coltrane.

Je leur ai confectionné du gari aux crevettes de la sole braisée, du *ndole*[5] et des *miondos*[6].

Sur la table, il n'est pas de vin rouge, ou de vin blanc, juste de l'eau et du *mao*[7] *ma malende*[8], pour le plaisir de laisser ce breuvage répandre sa fragrance unique dans la pièce, et ensorceler mes convives.

Je les regarde manger, déguster, savourer le repas, en attendant la crème de corossol façon D.I.[9] qui patiente sagement dans le réfrigérateur, absorbant le frais, pour réjouir les papilles. Ils ont les yeux qui brillent, alors mon cœur sourit.

Je regarde Trane tandis qu'émerveillé, il se laisse envoûter par la découverte, du *mao ma malende*[10]. C'est un spectacle

---

[5] Plat typique de la région littorale du Cameroun devenu un plat national. Il est fait à base de feuilles. Le ndole est une plante légumière dont les feuilles sont consommées vertes ou séchées. Elles sont cuites dans une sauce d'arachide avec du poisson séché, de la morue ou de la viande selon les goûts.

[6] Bâtons de manioc fins.

[7] Mao : Vin

[8] Lende signifie le palmier et Malende c'est le pluriel de palmier

[9] Petit nom donné à ma mère.

[10] Mao ma malende : le vin de palme.

unique, bouleversant, saisissant. Dans un assaut fulgurant de totale immodestie, je me figure qu'un jour, il composera deux morceaux mémorables : *"Chantal's home"*, et *"Mao"*

Amusée, j'imagine par avance les exégètes du jazz qui plus tard, déclareront sans ciller qu'avec le morceau *« Mao »,* Coltrane rendrait hommage à l'homme du petit livre rouge.

Je me vois plus tard, riant aux éclats avec lui. C'est un rire transatlantique, puisque nous sommes au téléphone. Le rire de Trane, dans mon voyage onirique, est vraiment extraordinaire. Il est généreux, ouvert, musical. Il m'enchante.

Je suis incapable de manger, je n'en éprouve pas le besoin, puisque je me nourris des échanges de mes convives. Fanon est saisissant de passion et d'intensité. Césaire est fulgurance permanente. Anta Diop parle peu, écoute beaucoup, et ses mots sont de l'or.

Mes invités confrontent leurs idées, s'opposent, se rencontrent tandis que fascinée je me rassasie de leurs mots.

Je n'en reviens pas qu'ils soient tous là, à ma table.

Tandis que je les écoute, j'ai un œil rivé sur le saxophone posé un peu plus loin. Je sais qu'au moment du café, Trane jouera *« Love Supreme »* et *« Naïma »*, rien que pour moi.

En dépit de la présence des autres illustres invités, il n'y aura alors que lui, son saxophone et moi, comme chaque fois qu'ils se glissent, dans les musiques de mon existence, et la rendent plus ample.

Je pense à mes prochaines convives : Angela Davis, Toni Morrison, Maya Angelou et Dianne Reeves. Elles ne sauraient échapper à la découverte du mutumba[11] et du potamochère braisé façon *Musibo*[12].

Dianne Reeves chantera *« Endangered species »*. Quand sa voix s'élève, je suis elle, et elle est moi. Puis elle élèvera son vibrant *« Testify »*, pour l'enchantement de mon âme.

Son timbre sublime ne sera pas altéré par l'huile rouge du mutumba. Il est en effet impossible, que sa voix unique et magnifique, soit captive de quoi que ce soit.

La voix de Dianne est à son image : elle est forte, triomphante, vivante, vibrante. Elle appelle à l'élévation de soi, vers le soi le plus haut.

« I'am an endangered species

But I sing no victim song

I am a woman I am an artist

And I know where my voice belongs

---

[11] Bâton de manioc confectionné avec de l'huile rouge. Plat typique de la région de la Sanaga Maritime. Cameroun.
[12] Nom de ma tante

I am a woman I exist

I shake my fist but not my hips

My skin is dark my body is strong

I sing of rebirth no victim song »

Après ces dames, je recevrai Malcolm X, Thomas Sankara, Patrice Lumumba, Bob Marley, et Ruben Um Nyobè. Je nous imagine déjà chanter ensemble *Redemption Song*, après que Malcolm X aura demandé « *Who taught you to hate yourself ?* »

A mes rêves impossibles.

A mes réalités oniriques.

Aux habitants de mon imaginaire.

A la vie…

A vous qui, en tenant ce recueil entre vos mains, me faites entrer dans un rêve ancien, sacré, magnifique.

Merci d'accueillir mes mots et les mondes qu'ils abritent.

©Chantal EPEE

Tables des matières

REMERCIEMENTS

❖ *A Celui par qui je suis et puis tout. Eternelle est ma gratitude.*

❖ *A François EBAKISSE, merci de m'avoir donné il y a des années l'injonction bienveillante de publier mes écrits. Na ndolo[13].*

❖ *A Nathalie, Guy-Thomas, Alain-François, à vous que j'aime à en désarmer les mots. Merci pour votre soutien.*

❖ *A Leonora MIANO. Étrangement, les mots ne sont pas toujours compétents pour exprimer l'essentiel. Tu sais. Merci. Na ndolo.*

❖ *A Léocadie EBAKISSE, Forever grateful. Love.*

---

[13] Avec amour

DU MEME AUTEUR

ALM'AFRIKA
  Recueil de poèmes
  Ed. Diasporas Noires Sept. 2015